Copos y cristales

Un libro sobre la nieve

por **Josepha Sherman**   ilustrado por **Jeff Yesh**
Traducción: **Sol Robledo**

Agradecemos a nuestros asesores por su pericia, investigación,
conocimientos y asesoramiento:

Mary W. Seeley, Ph.D., Profesora de Meteorología y Climatología
Departament of Soil, Water, and Climate
University of Minnesota, St. Paul

Mike Graf, M.A., Instructor de Desarrollo Infantil
Chico (California) State University

Susan Kesselring, M.A., Alfabetizadora
Rosemount-Apple Valley-Eagan (Minnesota) School District

PICTURE WINDOW BOOKS
Minneapolis, Minnesota

Dirección ejecutiva: Bob Temple
Dirección creativa: Terri Foley
Redacción: Sara E. Hoffmann, Michael Dahl
Asesoría editorial: Andrea Cascardi
Corrección de pruebas: Laurie Kahn
Diseño: Nathan Gassman
Composición: Picture Window Books
Las ilustraciones de este libro se crearon con medios digitales.
Traducción y composición: Spanish Educational Publishing, Ltd.
Coordinación de la edición en español: Jennifer Gillis/Haw River Editorial

Picture Window Books
5115 Excelsior Boulevard
Suite 232
Minneapolis, MN 55416
1-877-845-8392
www.picturewindowbooks.com

Printed in the United States of America.

Library of Congress Cataloging-in-Publication Data
Sherman, Josepha.
[Flakes and flurries. Spanish]
Copos y cristales : un libro sobre la nieve / por Josepha Sherman ;
ilustrado por Jeff Yesh ; traducción Sol Robledo.
p. cm. — (Ciencia asombrosa)
Includes bibliographical references and index.
ISBN-13: 978-1-4048-3215-2 (library binding)
ISBN-10: 1-4048-3215-7 (library binding)
ISBN-13: 978-1-4048-2541-3 (paperback)
ISBN-10: 1-4048-2541-X (paperback)
1. Snow—Juvenile literature. I. Yesh, Jeff, 1971- ill. II. Title.

QC926.37.S4818 2007
551.57'84—dc22   2006027211

Contenido

¡**Juush!** El viento frío trae nieve.
Una ráfaga de aire lanza copos helados
contra los árboles y los viajeros. Caen
copos del cielo y danzan en el aire.

La nieve y la lluvia

La nieve cae de las nubes como la lluvia.

La lluvia está formada por gotitas de agua.

La nieve está formada por cristales de hielo.

Por lo general nieva en invierno, cuando el aire es frío.

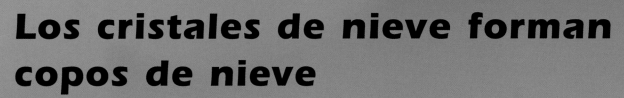

Los cristales de nieve forman copos de nieve

Un cristal de nieve es un pedacito de hielo. El hielo es agua congelada alrededor de una mota de polvo que flota en el aire. Varios cristales de nieve se unen y forman un copo de nieve.

Un copo de nieve tiene por lo menos dos cristales.
Unos copos tienen 100 cristales o más.

Formas de los cristales

Todos los cristales
de los copos de nieve
son de una de cuatro formas.

Agujas

Columnas

La forma del copo depende de la temperatura del aire. Si hace mucho frío, los copos tienen columnas, planchas delgadas y planchas de sector.

Planchas de sector

Planchas delgadas

Cuando no hace tanto frío, los copos tienen forma de agujas.

11

Los copos tienen seis lados

Atrapa un copo con el guante o el mitón. ¿Ves que cada copo tiene seis lados? Pero no hay dos copos iguales.

Oye la nieve

Camina sobre la nieve.

¿Oyes cómo cruje bajo las botas?

Los cristales de nieve tienen espacios donde hay aire.

Cuando caminas en la nieve, rompes los cristales.

El aire escapa y hace el ruido que oyes.

Nieve en las montañas

En las montañas cae mucha nieve porque hace mucho frío. En las montañas podemos practicar deportes de invierno, como esquiar, montar en trineo o en snowboard.

En primavera, cuando el Sol está más alto
y calienta más, la nieve se derrite y se escurre
a arroyos y ríos. La nieve de las montañas
se derrite y lleva agua a animales y campos. 17

La ventiscas

Las ventiscas son tormentas de nieve muy fuertes y peligrosas. Traen vientos fuertes, mucho frío y mucha nieve. Duran horas.

El viento apila la nieve en las carreteras y es difícil manejar. La nieve tapa los letreros de las calles y todo se ve borroso.

Después de una tormenta, abrígate y sal.
El aire frío te saluda. El Sol brilla en la nieve.
Millones de cristales reflejan la luz.

Haz un muñeco de nieve. Juega con bolas de nieve.
Haz maromas en la nieve. Deslízate por una colina
en trineo. Goza de la naturaleza invernal.

Dibuja un muñeco de nieve

Materiales:

- cartulina de varios colores
- un lápiz o una pluma
- motas de algodón
- pegamento
- tijeras
- creyones o marcadores

Pasos:

1. Asegúrate de que un adulto pueda ayudarte.

2. Escoge una hoja de cartulina. Será el fondo de tu dibujo. Escoge un color claro en que se pueda dibujar, como blanco o azul pálido.

3. Con el lápiz o la pluma, dibuja el contorno del muñeco de nieve. Usa tu creatividad: puede ser de dos bolas de nieve, tres o más.

4. Pégale las motas de algodón para rellenarlo.

5. Corta ojos, nariz, boca, sombrero y las decoraciones que quieras de cartulina. Pégalas.

6. Dibuja un fondo para el muñeco de nieve. El fondo será su casa. ¿Vive en el polo Norte? ¿Vive en tu patio?

¡Cuánta nieve!

- La ciudad de Búfalo, en el estado de Nueva York, es una de las ciudades del país donde cae más nieve. En diciembre del 2001, una ventisca dejó casi 7 pies (2 metros) de nieve en una semana. Las escuelas cerraron, los carros quedaron tapados y los aviones no podían aterrizar ni despegar.

- En casi todo el país ha nevado por lo menos una vez. Hasta en el sur de la Florida ha nevado.

- La nieve es divertida pero puede ser peligrosa. Los alpinistas tienen que cuidarse de las avalanchas, o derrumbes de nieve, en las montañas. Una avalancha grande puede cubrir 20 canchas de fútbol americano con 10 pies (3 metros) de nieve.

- En Bratsk, Siberia, ¡encontraron un copo de nieve del tamaño de una hoja de cuaderno!

Glosario

cristal de nieve—pedacito de hielo que se congela alrededor de una mota de polvo

ráfaga—golpe de viento

reflejar—rebotar la luz

ventisca—tormenta de nieve con vientos fuertes, mucho frío y mucha nieve

Aprende más

En la biblioteca

Davison, Avelyn. *Tierras de hielo y nieve.* México: McGraw-Hill Interamericana, 2004

Ganeri, Anita. *La nieve.* Milwaukee, WI: Gareth Stevens, 2005.

Whitehouse, Patricia. *Invierno.* Chicago: Heinemman Library, 2003.

En la red

FactHound ofrece un medio divertido y confiable de buscar portales de la red relacionados con este libro. Nuestros expertos investigan todos los portales que listamos en FactHound.

1. Visite *www.facthound.com*
2. Escriba una palabra relacionada con este libro o escriba este código: 1404800980
3. Oprima el botón FETCH IT.

¡FactHound, su buscador de confianza, le dará una lista de los mejores portales!

Índice

Busca más libros de la serie Ciencia asombrosa:

El ojo de la tormenta: Un libro sobre huracanes
¡Juush! ¡Ruum!: Un libro sobre tornados
¡Rambum! ¡Pum!: Un libro sobre tormentas
Sopla y silba: Un libro sobre el viento
¡Splish! ¡Splash!: Un libro sobre la lluvia